메리 올드 · 아드리아 메서브 글
아드리아 메서브 그림
이계순 옮김

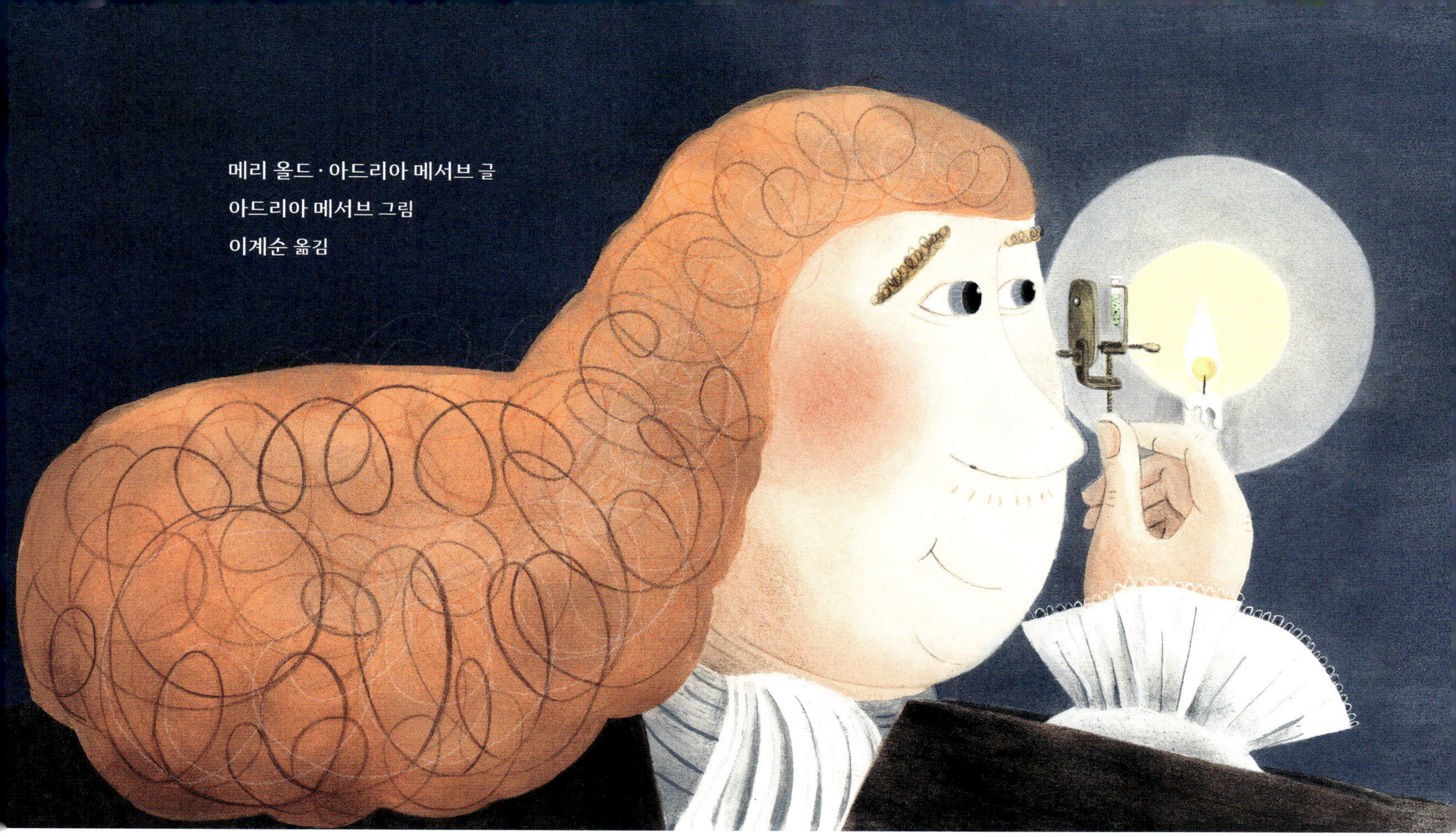

더 가까이 더 멀리

— 현미경과 망원경 이야기

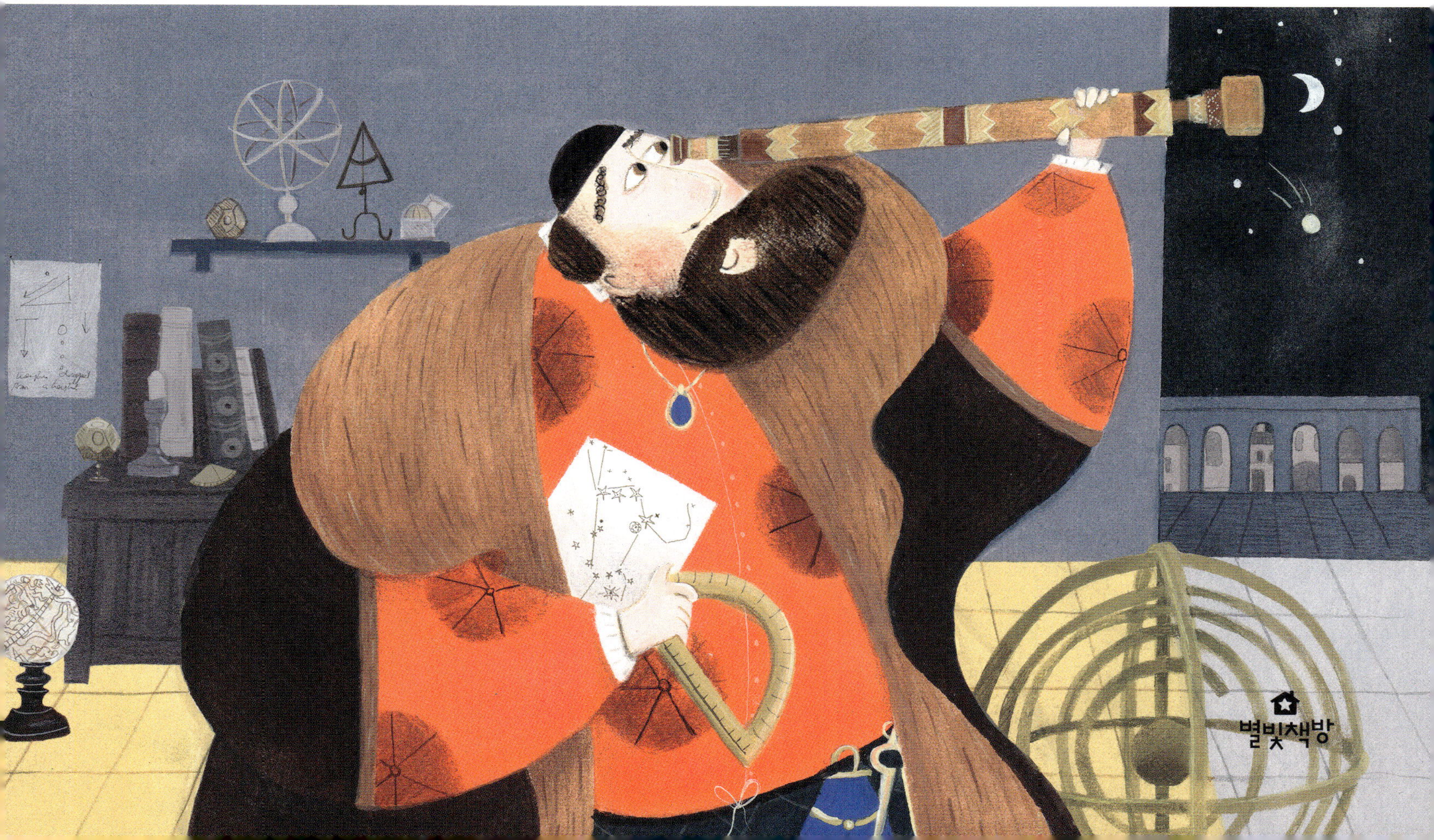

별빛책방

자연 철학자를 소개할게요

이 책은 세상이 어떻게 움직이는지 궁금해하며 끊임없이 질문했던 두 사람에 관한 이야기예요.
요즘이라면 이런 사람들을 과학자라고 부를 거예요. 하지만 당시에는 '자연 철학자'라고 불렀지요.

갈릴레오 갈릴레이는 1564년 이탈리아에서 태어났어요.
갈릴레오는 아주 거대한 것들, 그중에서도 우주가 어떻게
움직이는지 너무나 궁금했어요. 그래서 그 답을 찾기 위해
저 멀리에 있는 우주를 내다보았지요.

안토니 판레이우엔훅은 1632년 네덜란드에서 태어났어요.
안토니는 아주 거대한 것들, 그중에서도 생명이 어떻게 움직이
는지 너무나 궁금했어요. 그래서 그 답을 찾기 위해 물방울을
자세히 들여다보았어요.

두 사람은 둥글게 휘어진 유리 조각, 바로 렌즈를 통해 세상을
보았어요. 그러면서 그때까지 그 누구도 보지 못한 세상을 보게 되
었지요.

둥글게 휘어진 유리 조각

그래요, 둥글게 휘어진 유리 조각을 '렌즈'라고 해요. 빛은 렌즈를 통과하면서 속도가 느려지고 방향이 바뀌어요. 그래서 들어갈 때와는 다르게 살짝 꺾여서 렌즈를 빠져나가게 되지요. 우리 눈에도 '수정체'라고 하는 말랑말랑한 렌즈가 있어요. 우리가 무언가를 볼 수 있는 건, 그 무언가에서 튕겨 나온 빛이 우리 눈으로 들어오기 때문이에요. 수정체는 이 튕겨 나온 빛을 우리 눈의 뒤쪽에서 모아, 그것이 무엇인지 뇌가 '보고' 알아차릴 수 있게 도와줘요.

렌즈

볼록 렌즈

오목 렌즈

사람들은 아주 오래전부터 렌즈를 사용해 왔어요. 무언가를 확대해서 더 크게 보려고요. 투명한 물병 안에 담긴 물도 렌즈처럼 쓸 수 있지요.

그러다 렌즈로 돋보기 안경을 만들었어요. 갈릴레오가 살던 시대에는 안경을 어디에서나 쉽게 살 수 있었죠.

렌즈를 통해 사물을 보면 어떤 건
원래보다 더 크게 보이고,

볼록 렌즈는
볼록 튀어나와 있어요.

어떤 건 원래보다 더 작게 보여요.
렌즈의 모양과 사용 방법에 따라 달라지는 거지요.

오목 렌즈는
오목하게 쏙 들어가 있고요.

볼록 렌즈와
오목 렌즈를
살짝 겹쳐 놓으면,
사물이 또 다르게
브일 거예요.

'벼룩 관찰용 돋보기'는
파티 때나 사용하던 장난감
이었어요. 사물을 최대 여섯
배까지 확대할 수 있었는데,
이 돋보기 렌즈로 곤충을
들여다본 사람들은 깜짝
놀랐다고 해요!

하지만 갈릴레오와
안토니에게는 렌즈가
과학 도구였어요. 렌즈로
무언가를 가까이 들여다보
거나 멀리 내다보면서
자신들의 궁금증을
해소해 나갔지요.

파도바의 교수

1608년 갈릴레오는 이탈리아의 파도바 대학교에서 수학을 가르쳤어요. 우주와 관련된 자신의 질문들에 답을 줄 수 있는 건 수학뿐이라고 철석같이 믿었지요. 하지만 모두가 갈릴레오처럼 생각한 건 아니었어요.

갈릴레오는 발명가이기도 했어요. 세상을 측정하고 연구할
수 있는 유용한 도구들을 작업실에서 뚝딱뚝딱 만들어 냈지요.
그러다가 네덜란드에서 발명된 '망원경'에 대해 알게 되었어
요. 망원경은 두 개의 렌즈를 사용해서 '먼 데 있는 사물을 마
치 가까이에 있는 것처럼 볼 수 있게' 해 주는 장치였지요.
　자극을 받은 갈릴레오는 직접 더 좋은 '망원경'을 만들기로
결심해요. 더 멀리 내다본 뒤 우주가 어떻게 움직이는지 알아
내기 위해서요.

비날리 거리

델프트의 상인

1659년 안토니는 네덜란드의 번화한 도시 델프트에서 천을 팔며 바쁘게 일했어요.

천을 살 때는 돋보기로 꼼꼼히 살펴보았지요. 돋보기를 사용하면 실로 천을 어떻게 짰는지 자세히 볼 수 있었으니까요. 안토니는 그렇게 작고 정교한 세상에 완전히 빠져 있었어요.

호기심 많은 안토니는 천뿐만 아니라 생물들도 들여다보고 싶었어요.
그래서 자신이 직접 렌즈를 만들기로 결심하지요. 지금까지 써 왔던 그
어떤 돋보기 렌즈보다 훨씬 더 좋은 렌즈를요. 안토니는 그 렌즈로 생물들
을 자세히 살펴볼 작정이었어요.

망원경을 만들어요

갈릴레오는 안경 렌즈로 자신만의 망원경을 만들기 시작했어요.

우선은 볼록 렌즈와 오목 렌즈를 둥근 관에다 하나씩 따로따로 넣었어요. 그런 다음 관 하나를 다른 관에 끼워 넣어 둥근 관들이 서로 미끄러지듯 멀어지고 가까워지게 했지요. 볼록 렌즈는 빛을 하나로 모았고, 오목 렌즈는 사물이 선명하게 보이도록 했어요. 갈릴레오는 멀리 있는 사물도 아주 가까이에 있는 것처럼 자세히 볼 수 있었지요.

네덜란드에서 만든 망원경은 원래보다 세 배 정도만 확대할 수 있었어요. 하지만 갈릴레오가 여러 렌즈로 다양한 실험을 거듭한 끝에 만든 망원경은 여덟 배나 확대해서 보여 주었어요.

현미경을 만들어요

안토니는 현미경을 만들기 시작했어요. 당시에는 현미경에 렌즈가 두 개 들어갔지요. 갈릴레오의 망원경처럼요. 하지만 안토니는 볼록 렌즈 하나만 사용할 때 사물이 훨씬 더 잘 보일지도 모른다고 생각했어요. 대신 렌즈는 아주 작아야 했어요. 렌즈가 작을수록 빛이 많이 휘었고, 빛이 많이 휠수록 물체를 더 크게 확대할 수 있었으니까요.

안토니는 유리 조각을 아주아주 작게 만들려고 이렇게도 해 보고 저렇게도 해 보았어요. 정말이지 너무나 어렵고 까다로운 일이었답니다.

끈기와 집념

1609년 8월 21일, 베네치아의 통치자들이 갈릴레오의 망원경으로 주변을 살펴보았어요. 그들은 베네치아에서 가장 높은 탑에 있었는데, 맨눈으로는 안 보이던 먼 바다의 배들을 망원경으로는 볼 수 있었지요. 통치자들은 깊은 감명을 받았고 갈릴레오에게 상을 내렸어요.

하지만 갈릴레오는 여기에 만족하지 않았어요. 더 나은 망원경을 만들 수 있었으니까요. 그래서 유리 크리스털을 포함해, 렌즈를 만드는 데 필요한 물품들을 쭉 적어 내려갔어요.

갈릴레오는 렌즈를 깎고, 갈고, 닦았어요.

옷은 더러워지고, 몸은 지치고, 마음은 답답했지요.

하지만 다시 측정하고, 계산하고, 시도했어요.

망원경은 점점 더 길어졌어요. 그러면서 점점 더 강력해졌지요.

하지만 문제는 끊임없이 생겼어요.

갈릴레오는 인내심을 갖고 하나씩 해결해 나갔어요.

망원경으로 밖을 내다보면, 그 끝에는 아주 작지만 크게 확대된 이미지가 보였어요. 그 이미지는 마치 긴 터널 끝에 있는 한 점 빛처럼 보였지요.

갈릴레오는 이 점들을 하나하나 연결하기 시작했고, 그러면서 더 크고 온전한 그림으로 만들어 낼 수 있었어요.

망원경으로 관찰할 땐 숨을 멈추고 있어야 한다는 사실도 알게 되었어요. 몸을 최대한 움직이지 않고 가만히 있어야 사물이 선명하게 보였거든요.

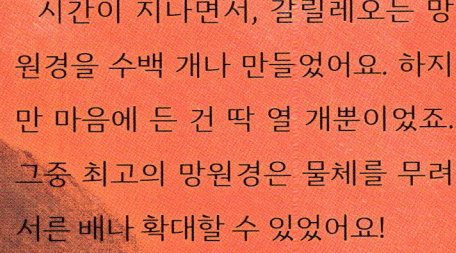

x 30

시간이 지나면서, 갈릴레오는 망원경을 수백 개나 만들었어요. 하지만 마음에 든 건 딱 열 개뿐이었죠. 그중 최고의 망원경은 물체를 무려 서른 배나 확대할 수 있었어요!

인내와 섬세한 손길

안토니는 몇 시간이나 작업실에 틀어박혀 현미경을 만들었어요. 손은 아프고
눈은 피곤했지만 절대 포기하지 않았지요.

안토니는 유리를 녹이고, 잡아당기고,
잘랐어요.

아주 작은 렌즈를 고정하기 위해서 작은
고정 틀과 나사도 직접 만들었지요.

그렇게 시험하고, 계산하고, 개선한 뒤
다시 시작했어요.

안토니는 유리 조각과 고운 가루를 작은
틀 안에 넣었어요.

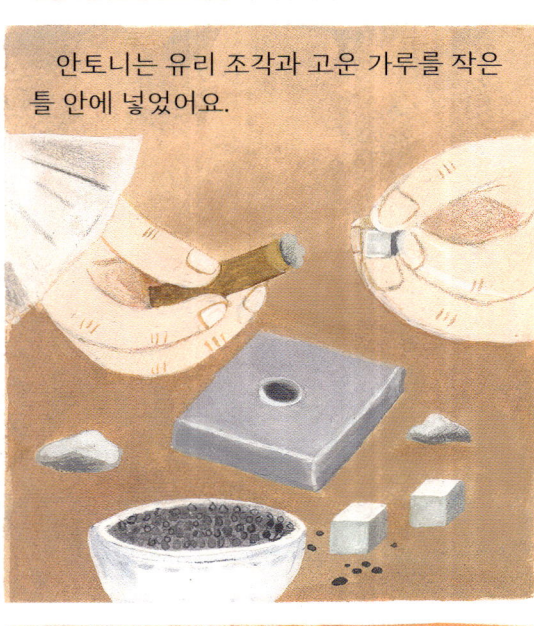

그런 다음 틀을 돌려 유리 조각을 동그란
구슬처럼 갈았지요.

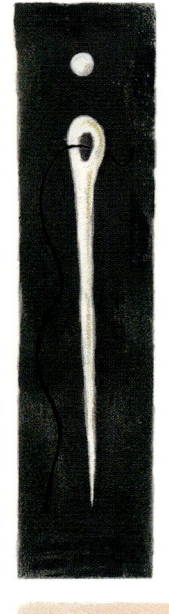

현미경은 점점 더 작아졌
어요.

안토니는 끊임없이 연구했어요. 현미경을
어떻게 들고 있어야 잘 보일지요.

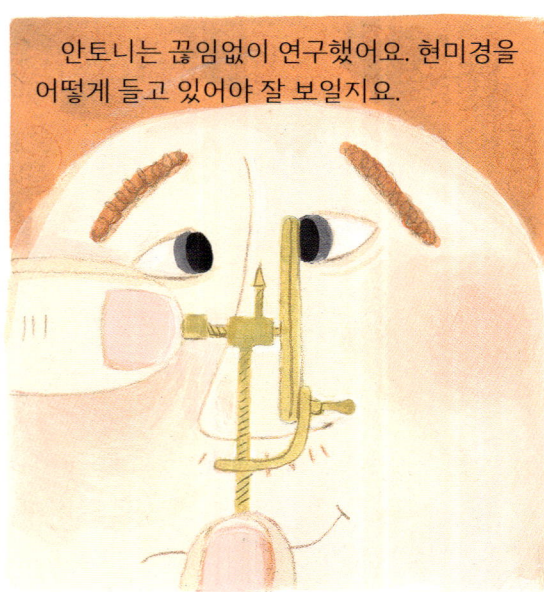

관찰하고 싶은 생물, 즉 표본을 현미경에
어떻게 고정해야 잘 보일지 말이에요.

심지어는 액체 상태의 표본을 담기 위해서
아주 작은 유리관까지 만들었어요.

안토니는 표본을 더 잘 보려고 창문에 달린 덧문을 열거나 닫아서 빛을
조절했어요. 필요하면 촛불까지 활용했는데 연구는 밤에도 멈추지 않았지요.

안토니는 손이 최대한 흔들리지
않게 하려고 숨을 참기도 했어요.
그러다 마침내 표본에 따라
그에 맞는 현미경을 하나씩 직
접 만들기로 결심해요.

시간이 지나면서, 안토니는 현미경을
오백 개 넘게 만들었어요. 이 중에는 사물을
275배까지 확대할 수 있는 현미경도 있었
지요. 나중에는 오백 배까지 확대할 수 있
는 현미경을 몇 개씩이나 만들기도 했어요!

× 3

× 10

× 30

× 50

× 375

× 500

멀리 내다봐요

갈릴레오는 예전부터 코페르니쿠스의 주장에 관심이 많았어요. 코페르니쿠스는 천문학자로, 지구가 태양 주위를 돈다고 주장한 사람이었지요.

하지만 그때는 대부분 지구가 우주의 중심이라고 믿었고, 천체는 전부 지구를 중심으로 빙글빙글 돈다고 생각했어요.

갈릴레오는 당시 사물을 스무 배까지 확대할 수 있는 자신의 망원경으로 우주를 관찰하면, 우주가 훨씬 더 선명하게 보일 거라고 확신했어요. 그래서 코페르니쿠스의 생각이 맞다는 증거를 찾을 수 있을 거라고 자신했지요.

1610년 어느 맑은 밤, 갈릴레오는 망원경을 하늘 쪽으로 돌려 멀리 우주를 내다보았어요. 그리고 마침내 보게 되었지요.

그 누구도 상상하지 못했던 수많은 별을요!

가까이 들여다봐요

안토니는 그동안 연구한 내용을 편지에 죽 적었어요. 그러고는 그 편지를 자연 철학자들이 모여 있는 런던의 왕립학회에 보냈지요. 안토니는 자신의 살갗에서 피를 쪽쪽 빨고 있는 이를 현미경으로 관찰했다는 이야기도 편지에 썼어요.

자연 철학자들은 흥미를 보이면서 안토니에게 더 많은 이야기를 들려 달라고 했지요.

용기를 얻은 안토니는 새로운 관찰 대상을 찾아 나섰어요. 그리고 여름 내내 연못에서 본, 몽글몽글 구름처럼 뿌옇게 떠 있던 초록색 덩어리들이 궁금해졌어요.

안토니는 연못 물을 조금 떠 왔어요. 그런 다음 아주 가느다란 유리관에, 그러니까 머리카락보다 얇은 유리관에 연못 물을 한 방울 뚝 떨어뜨렸어요. 그러고는 그 유리관을 자신이 만든 현미경 중 가장 좋은 현미경에 딱 고정했어요.

안토니는 현미경을 빛 쪽으로 들어 올린 뒤 초점을 맞추고, 가까이 들여다보았어요. 그리고 마침내 보게 되었지요.

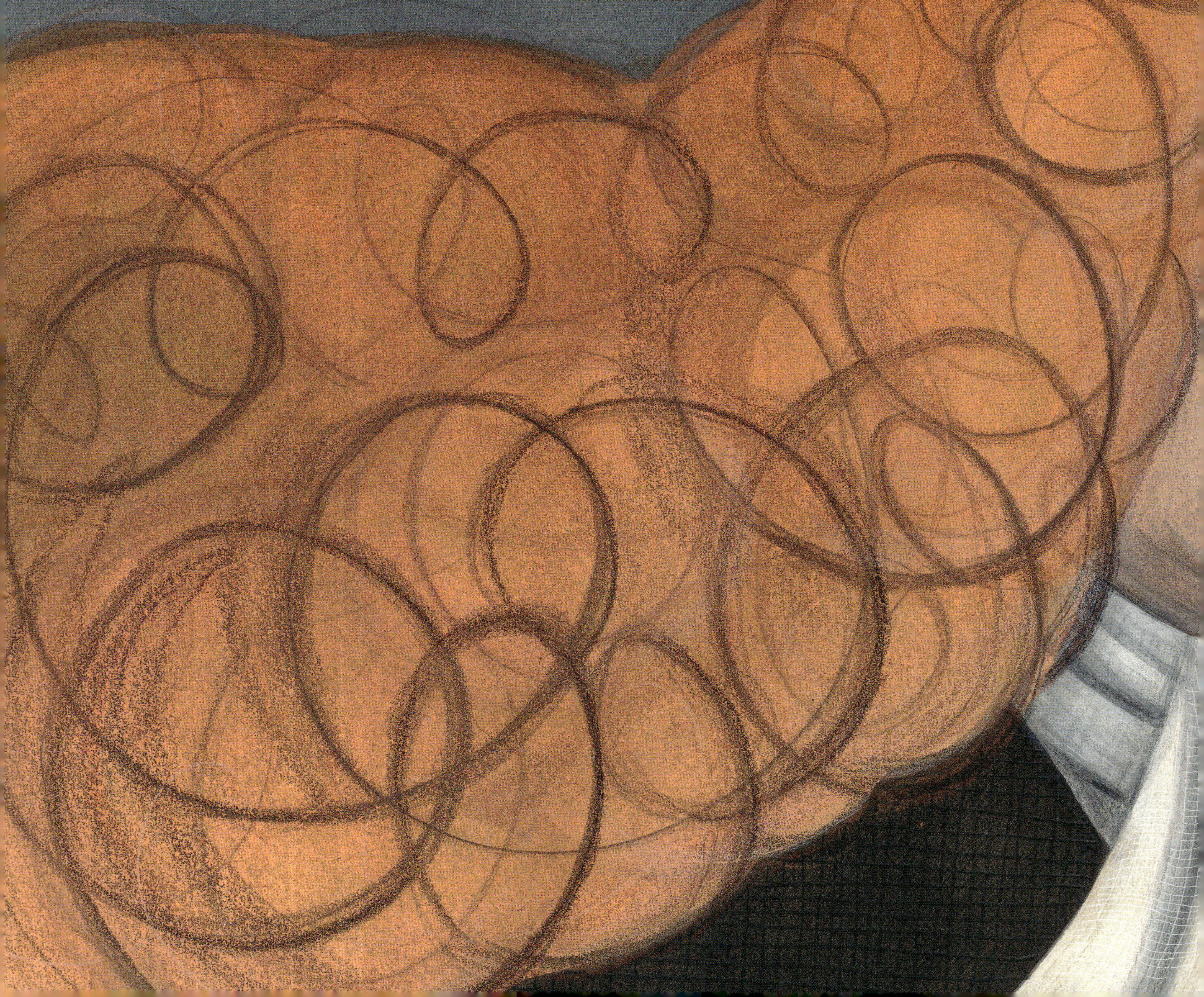

수천수만 개의 작은 생물들로 이루어진 새로운 세상을요!

갈릴레오와 안토니가 본 것들

갈릴레오는 망원경으로 밤하늘을 보면서, 그 누구도 본 적 없는 것들을 처음으로 보게 되었어요.
달에도 울퉁불퉁한 산이 있네? 은하수는 수없이 많은 별이 모여 있는 거야? 목성 주위를 빙글빙글 도는 저것들은
도대체 뭐지? 갈릴레오는 밤마다 망원경을 들여다보면서 자신이 본 것들을 하나하나 꼼꼼히 기록해 나갔어요.

오리온자리

플레이아데스성단

달 표면의 울퉁불퉁한 산들

1610년 1월

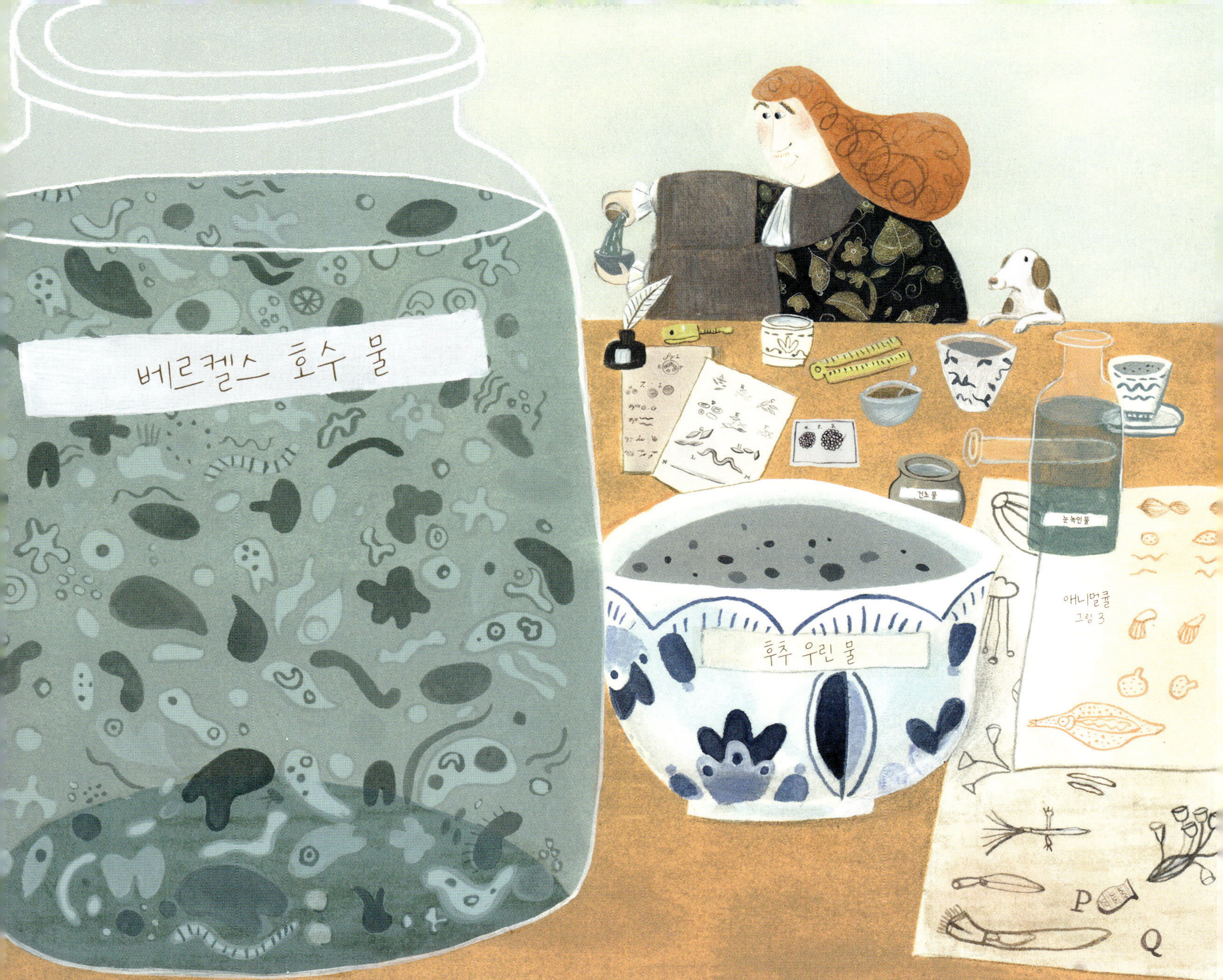

베르켈스 호수 물

후추 우린 물

애니멀클
그림 3

P

Q

안토니는 물방울 속 세계를 계속 연구했어요. 그러면서 현미경을 통해, 그 누구도 본 적 없는 것들을 처음으로 보게 되었지요.

저 생물들은 모래알보다 수백 배나 더 작네? 그런데 어떻게 물속에 들어간 거지? 대체 어떤 종류의 생물들인 걸까?

안토니는 자신이 본 생명체들을 그 생명체보다는 약간 더 큰 '작은' 것들과 비교하면서 크기를 쟀어요. 그러니까 모래알이나 머리카락 한 가닥, 치즈 진드기 같은 것들과 비교하면서 말이에요. 그리고 갈릴레오처럼, 자신이 발견한 생물들을 하나하나 꼼꼼히 기록해 나갔지요.

1

2

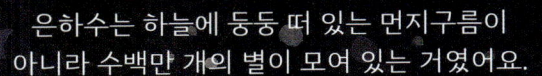

은하수는 하늘에 둥둥 떠 있는 먼지구름이
아니라 수백만 개의 별이 모여 있는 거였어요.

태양에는 나타났다가
사라지는 신기한 점들이
있었고, 태양 스스로 제자리
에서 빙글빙글 돌았어요.

금성도 달처럼 보이는 모양이
조금씩 바뀌었어요.

새로운 발견

망원경으로 우주 먼 곳을 내다본 갈릴레오는 많은 것을
발견하게 돼요. 그러면서 수많은 천체가 우주 안에서
제각기 움직이는데, 모두가 지구를 중심으로 도는 건
아니라는 사실을 알게 되지요.

달에는 산도 있고 분화구도 있었어요. 하지만 당시
사람들은 달이 공처럼 아주 매끈할 거라고 믿었지요.

목성에는 달 네 개가
빙글빙글 돌고 있었어요.

토성은 이상하게도 세 부분으로
나뉜 독특한 모양을 하고 있었는데,
갈릴레오는 그 이유를 설명할 수
없었어요. 하지만 우리는 토성 주위로
얼음과 먼지로 이루어진 고리가
돌고 있어서 그렇게 보였다는
사실을 잘 알고 있지요.

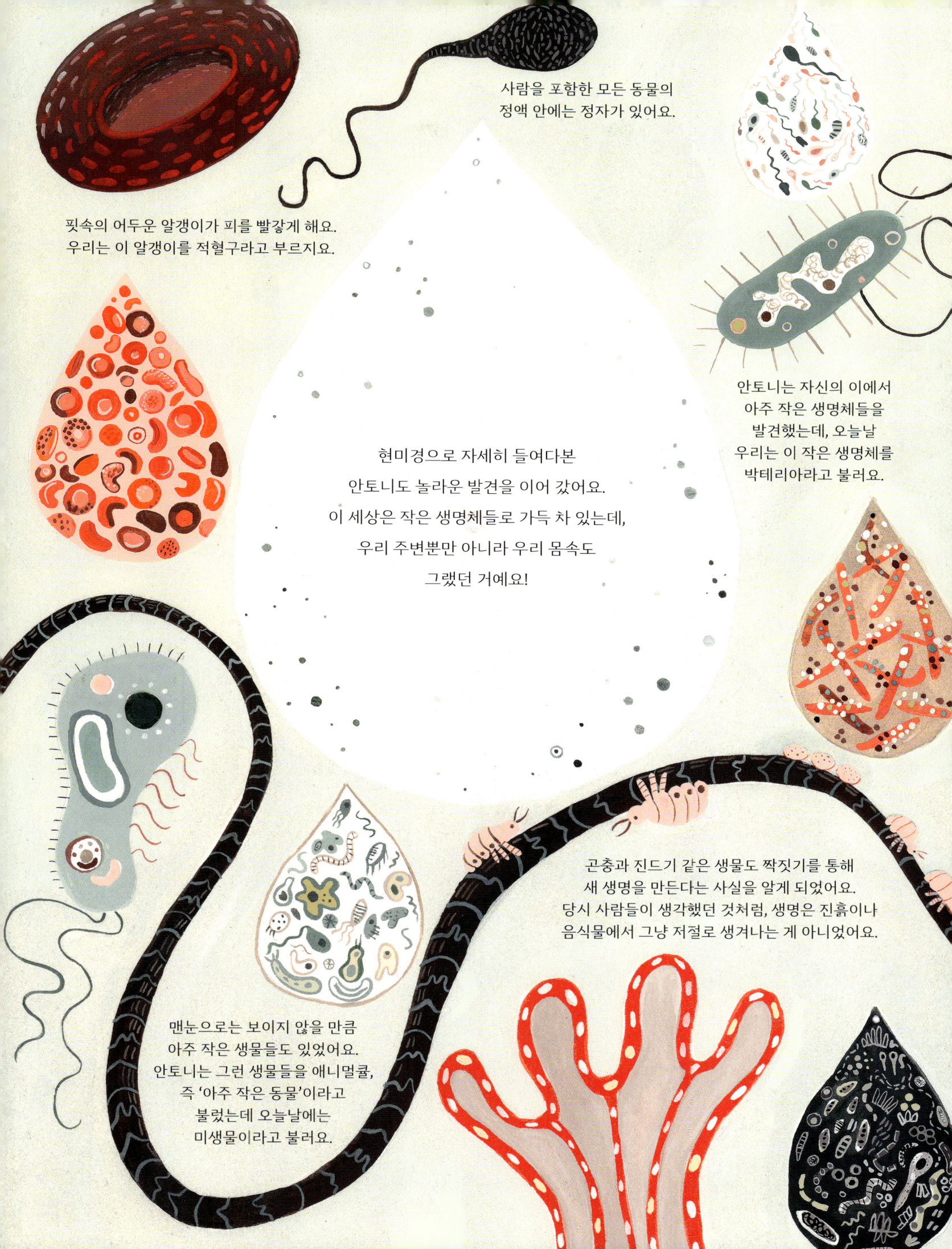

사람을 포함한 모든 동물의
정액 안에는 정자가 있어요.

핏속의 어두운 알갱이가 피를 빨갛게 해요.
우리는 이 알갱이를 적혈구라고 부르지요.

안토니는 자신의 이에서
아주 작은 생명체들을
발견했는데, 오늘날
우리는 이 작은 생명체를
박테리아라고 불러요.

현미경으로 자세히 들여다본
안토니도 놀라운 발견을 이어 갔어요.
이 세상은 작은 생명체들로 가득 차 있는데,
우리 주변뿐만 아니라 우리 몸속도
그랬던 거예요!

곤충과 진드기 같은 생물도 짝짓기를 통해
새 생명을 만든다는 사실을 알게 되었어요.
당시 사람들이 생각했던 것처럼, 생명은 진흙이나
음식물에서 그냥 저절로 생겨나는 게 아니었어요.

맨눈으로는 보이지 않을 만큼
아주 작은 생물들도 있었어요.
안토니는 그런 생물들을 애니멀큘,
즉 '아주 작은 동물'이라고
불렀는데 오늘날에는
미생물이라고 불러요.

별의 전령

1610년 3월, 갈릴레오는 그동안 발견한 자료들을 모아서 『별의 전령』 이라는 책으로 냈어요. 갈릴레오는 순식간에 유명해졌지요. 책을 읽은 사람들은 깜짝 놀랐을 뿐만 아니라, 충격에 휩싸이면서 흥분했어요.

다른 별 관찰자들도 망원경으로 우주를 보기 시작했어요. 그리고 곧 그들도 목성의 달들과 은하수의 수많은 별을 보았지요. 어떤 별 관찰자들은 갈릴레오의 의견에 반대하며 논쟁을 벌이기도 했어요.

갈릴레오는 계속해서 책을 냈어요. 그리고 이제는 수학적 계산과 관찰을 통해, 지구와 다른 행성들이 태양 주위를 돈다는 사실을 확신하게 되었지요. 하지만 갈릴레오와 의견이 다른 사람들의 목소리도 점차 커지기 시작했어요.

"갈릴레오가 봤다는 목성의 그 달들은 렌즈에 찍힌 점들일 거야."

"망원경은 애들 장난감에 불과해. 우리가 맨눈으로 직접 본 것만이 진짜라고."

"지구가 태양 주위를 돈다면, 왜 태양이 아침마다 떠올랐다가 저녁에 지는 거지?"

"지구는 움직일 수 없어. 성경에 그렇게 나왔단 말이야!"

왕립학회에 보낸 편지

1674년 9월, 안토니는 그동안 관찰한 내용을 편지로 길게 써서 영국의 왕립학회에 보냈어요. 그리고 편지를 마무리하면서 애니멀큘에 관해 적었지요. 그런데 아무도 애니멀큘에 관심을 두지 않았어요.

1676년 10월, 안토니는 다시 편지를 썼어요.

이번에는 후추 열매를 담가 3주 동안 우린 물에서 발견한 애니멀큘들에 관해 적었지요. 그 생물들은 너무나 작아서, 모래알 하나에 백만 마리도 넘게 들어갈 정도였어요!

1,000,000마리도 넘는 생명체, 후추 물 한 방울

1,000,000 애니멀큘

이제 런던에 사는 똑똑한 학자들이 안토니의 편지에 주목하기
시작했어요. 그들 역시 현미경이 세상을 이해하는 데 아주 유용한
도구라는 걸 잘 알고는 있었지만, 안토니가 발견한 것들에는 놀라
움을 감출 수 없었어요!

존 이블린

프랜시스 베이컨

"지어 낸 이야기가 분명해!"

"잘못 계산한 게 틀림없어.
그리고 저렇게 작은 것들을,
대체 어떻게 셌다는 거야?"

"현미경을
어떻게 만들었는지,
안토니는 왜 우리한테
안 알려 주는 거지?"

1676

보이는 것을 믿지 않아요

갈릴레오는 자기 말을 믿지 않는 사람들과도 기꺼이 논쟁했어요.

그래요, 갈릴레오의 렌즈가 완벽하다고는 할 수 없었어요. 하지만 렌즈에 생긴 얼룩이나 흠집이 목성의 달처럼 움직일 수는 없잖아요!

태양이 뜨고 지는 건, 지구가 하루에 한 번씩 제자리에서 빙글빙글 돌기 때문이에요.

그리고 갈릴레오는 이렇게 믿었어요. 성경이 하늘나라로 갈 수 있는 방법을 알려 주기는 하지만, 하늘나라가 어떻게 움직이는지는 알려 주지 않는다고요.

　로마의 교황과 가톨릭교회는 기분이 썩 좋지 않았어요. 손경을 해석할 수 있는 건, 갈릴레오가 아니라 자신들뿐이라고 믿었기 때문이에요.

　그래서 갈릴레오를 로마로 불러 재판을 받게 했어요.

　갈릴레오는 재판관들 앞에서 무릎을 꿇고서 그들이 시키는 대로 지구가 우주의 중심이라고 말해야 했지요.

　하지만 이것만으로는 충분하지 않았나 봐요. 재판관들은 갈릴레오에게 이제 집으로 돌아가면 다시는 밖으로 한 발짝도 나올 수 없다고 했어요.

　그 뒤로 갈릴레오는 집에서 있는 듯 없는 듯 조용히 지냈지만, 연구를 그만두지는 않았어요. 눈이 멀게 된 뒤에도, 다른 사람들의 도움을 받아 계속 관찰하고, 실험하고, 계산했지요. 그러다 1642년 1월, 세상을 떠났어요.

보이는 것을 믿어요

안토니는 현미경을 만드는 방법만큼은 끝까지 아무한테도 정확하게 밝히지 않았어요. 하지만 아주 작은 유리관에 물을 담아 현미경에 고정하는 방법이나 애니멀큘을 모래알과 비교해 크기를 재는 방법 같은 건 자세히 알려 주었지요.

마침내 왕립학회도 안토니가 관찰한 세계를 보게 돼요. 그러니까 아주 작은 생물들의 새로운 세계를 말이에요! 이제 그 누구도 더는 의심하지 않았어요. 그리고 안토니의 발견을 기꺼이 받아들였지요.

안토니는 이제 유명해졌어요. 다른 과학자들도, 심지어는 왕과 왕자들까지도 안토니의 현미경을 들여다보며 새로운 세계를 확인했어요.

안토니는 계속해서 관찰하고, 기록하고, 질문하면서 새로운 생물들을 발견했어요. 1723년 8월 26일, 생을 마감할 때까지요. 그리고 유언장에 자신이 만든 훌륭한 현미경들을 왕립학회에 보내라고 적어 두었지요.

새로운 눈으로 다르게 봐요

안토니는 유명한 인물로 생을 마감했지만, 지금은 그 이름을 아는 사람이 별로 없어요. 갈릴레오는 불명예 속에서 세상을 떠났지만, 지금은 아주 유명한 과학자 중 한 명이고요. 하지만 두 사람 모두는 우리의 사고방식, 그중에서도 세상을 이해하는 방식을 바꿔 놓았어요.

갈릴레오는 우리가 새로운 시각으로 우주를 볼 수 있게 해 주었어요. 그래서 갈릴레오를 '물리학의 아버지'라고 부르기도 해요. 물리학이란 과학의 한 분야로 물질이나 에너지, 우주, 공간에 관해 연구하는 학문을 말해요. 갈릴레오가 멀리 우주를 내다본 뒤로, 과학자들은 다음과 같은 사실을 알아냈어요.

우주는 갈릴레오가 상상했던 것보다 훨씬 더 거대하다.

지구와 그 외 행성들은 태양 주위를 타원형 경로로 돌고 있다.

행성과 태양, 별 그리고 우리 모두는 '중력'이라는 보이지 않는 힘을 받고 있다.

그 이후로 과학자들은 망원경이나 인공위성, 심지어는 우주선을 이용해 우주를 탐험하고 있어요.

안토니는 사람들이 새로운 시각으로 생명체를 볼 수 있게 해 주었어요. 그래서 안토니를 '미생물학의 아버지'라고 부르기도 해요. 미생물학이란 과학의 한 분야로, 맨눈으로는 볼 수 없을 만큼 아주 작은 생명체를 연구하는 학문을 말해요. 안토니 판레이우엔훅이 생명체를 가까이 들여다본 뒤로, 과학자들은 다음과 같은 사실을 알아냈어요.

많은 생명체는 서로 다른 성이 만나 번식한다. 다시 말해 새로운 생명체가 태어나려면 수컷의 생식 세포와 암컷의 생식 세포가 만나야 한다.

질병은 세균이나 바이러스처럼 아주 작은 미생물, 그중에서도 병원균에 의해 옮겨진다.

아주 작은 생명체들을 현미경으로 들여다보고, 그것들을 생김새나 특징에 따라 여러 종류로 나눌 수 있게 되었다.

그 이후로 과학자들은 생명체가 세포로 이루어져 있다는 사실을 알아내요. 그리고 세포 안에는 '유전자'라는 게 있는데, 이 유전자가 부모한테서 자식에게로 전달된다는 사실도 알아내지요.

안토니와 갈릴레오는 우리에게 이렇게 말해요. 자, 여러분, 계속해서
질문을 던지세요. 그리고 그 질문에 대한 답을 찾기 위해 가까이 들여다
보거나 멀리 내다보세요. 그런 다음 그렇게 발견한 것들이 맞는지 다시
한번 의심해 보세요. 마지막으로 다른 사람들과 다르게 생각할 수 있는
용기를 가져 보세요.

작가의 말

•

저희는 남들과 다르게 생각하는 게 얼마나 중요한지 이야기하고 싶었어요. 두 명의 뛰어난 과학자, 갈릴레이 갈릴레오와 안토니 판레이우엔훅의 실제 삶과 업적에서 영감을 받았지요. 이 두 과학자에 관한 연구는 매우 활성화되어 있고 정리된 글도 참 많아요. 이 책을 정확하게 쓰기 위해서 저희가 참고한 자료들을 여기에 일일이 소개하기 어려울 정도로요.

저희는 이 책을 쓰면서 어떤 정보를 생략하거나, 어떤 사건에 대한 여러 설명 중 하나만을 선택해야 했어요. 어떤 과학적 발견에 관한 여러 해석 가운데 하나만을 선택해야 할 때도 있었고요. 이 과정에서 혹시라도 잘못된 점이 있다면, 그 책임은 전적으로 저희에게 있어요. 저희는 이 책이 여러분의 과학적 호기심을 불러일으켰으면 좋겠어요. 그리고 언젠가는 여러분이 무언가를 가까이 들여다보거나 멀리 내다보면서, 여러분만의 새로운 과학적 사실을 발견했으면 좋겠어요.

_ 메리 올드·아드리아 메서브

메리 올드

어린이책 전문 작가로, 음악과 미술에서부터 역사와 과학에 이르기까지 다양한 분야에 깊은 관심을 두고 있어요. 런던 심포니 오케스트라와 함께 만든 그림책 『오케스트라가 궁금해』로 '프레스토 뮤직 어워드'에서 상을 받았어요.

아드리아 메서브

미국과 영국에서 활동하는 예술가이자 그림책 작가예요. 미술사와 일러스트레이션을 공부했고, 학교에서 아이들과 함께 창의적인 활동을 하며 자신의 지식과 경험을 나누고 있어요.

이계순

어린이와 청소년 책 전문 번역가이자 도서 기획자, 작가예요. 인문사회부터 과학에 이르기까지 폭넓은 분야에 관심을 갖고 공부하는 것을 좋아하며,『한밤중 도시에서는』, <비둘기 탐정단> 시리즈, 『꺼어어어억 트림이 나왔어!』 등 지금까지 백 여 권이 넘는 작품을 우리말로 옮겼어요. 『나랑 한판 붙자!』에는 글 작가로도 참여했어요.

| 별빛그림책방 |

이야기의 즐거움이 별빛처럼 내리는 그림책 시리즈

더 가까이 더 멀리
현미경과 망원경 이야기

초판 1쇄 발행 2025년 11월 25일

글 · 메리 올드, 아드리아 메서브
그림 · 아드리아 메서브
옮김 · 이계순
편집 · 송지연 디자인 · 김선미 제작 · 천광인쇄
펴낸곳 · 별빛책방 펴낸이 · 최승호 등록 · 2023-000293
주소 · 서울시 마포구 월드컵로 14길 56 스타빌딩 5층
전화 · 070-4219-9010 팩스 · 02-2179-8768
이메일 · book@starlight365.co.kr
ISBN · 979-11-992003-2-6 77400

CLOSE UP & FAR OUT